# REENCUENTRO

# REENCUENTRO

❖

## Metamorfosis
### El Cambio Maravilloso

## Victor Hugo Salguero

| Número de Control de la Biblioteca del Congreso de los EE. UU.: | | 2011913518 |
| --- | --- | --- |
| ISBN: | Tapa Dura | 978-1-4633-0669-4 |
| | Tapa Blanda | 978-1-4633-0668-7 |
| | Libro Electrónico | 978-1-4633-0667-0 |

Este Libro fue impreso en los Estados Unidos de América.

**Para pedidos de copias adicionales de este libro, por favor contacte con:**
Palibrio
1663 Liberty Drive, Suite 200
Bloomington, IN 47403
Llamadas desde los EE.UU. 877.407.5847
Llamadas internacionales +1.812.671.9757
Fax: +1.812.355.1576
ventas@palibrio.com
357377

# CONTENTS

## DEDICATORIA

A todos mis nietos con mucho amor.

# INTRODUCCION

Reencuentro es una palabra que nos orienta a una nueva oportunidad, pero, sin perder de vista los valores humanos y las cosas esenciales de la vida que vuelven nuestro entorno, un lugar de pruebas y luchas, éxitos y fracasos, alegrías y descontentos, aciertos y desaciertos, formalidades y trivialidades o la de incorporación o el de un total abandono. Nunca estaremos solos, siempre habrá un brazo generoso que se extienda para levantarnos y sostenernos, mientras nuestra propia fortaleza retorne. Sin importar la situación, sea grave o no, debemos de entender y asimilar que la esperanza es lo último que muere. El gran fenómeno del cambio es esencial en la vida, porque nos transforma, nos pule o refina con otro tipo de visión. La oruga, mientras es oruga, actúa como tal, pero una vez la metamorfosis la cambia a una espléndida mariposa, inicia un nuevo ciclo pero revestida de una mayor expansión, donde las limitaciones tuvieron un impacto que mejoraron su posición dentro del universo y en el pequeño mundo en el que antes habitaba. El ser humano también tiene esa oportunidad, pero, su cambio, no es simplemente externo. Esta metamorfosis en él, es dirigida a su espíritu, y así logre obtener el desarrollo necesario para que pueda, de esa forma, rebasar esos obstáculos que le estorban para alcanzar la plenitud. Es una verdadera realización que lo llevará directo a la corona del triunfo, la cual pone de manifiesto la auténtica felicidad.

El poder
de
la atracción

# Capitulo I

## EL PODER DE LA ATRACCIÓN

Decimos que alguien es carismático porque tiene la facilidad de atraer la atención de los demás. Cuando habla, adormece al oyente con su elocuencia, y, con su capacidad persuasiva, va mucho mas allá de lo que la generalidad podría imaginarse. También ocurre esa atracción espontánea entre un hombre y una mujer, de una mujer a otra, entre un hombre y otro, de una persona hacia un animal, hacia una planta, un lugar pintoresco y en muchas otras formas. Pero, una cosa es la atracción espontánea y otra es la de mantener una relación estable y genuina por cierto tiempo, ya que esto necesita de muchos otros elementos. Adicionalmente, y algo que es imprescindible en una relación, es el hecho mismo de requerir de un poco de trabajo y atención, pero, aclarando, que las cosas no siempre se presentan así, ya que tenemos por otro lado al rechazo que, de alguna manera, crea un ámbito de antagonismo que va degenerando la relación hasta liquidarla definitivamente. Por un lado puede considerarse que la mucha subjetividad en la relación, da como resultado un espejismo saturado de fantasías que van desvaneciéndose al ritmo en que la realidad pueda allanar ese espacio que ocupan; y por otro lado tenemos a la objetividad que finca bases suficientemente sólidas, las cuales resisten cualquier embate sin que experimente algún deterioro. Todo esto merece plantear una interrogante muy fácil de trazar: ¿Por qué tanto matrimonio que empezó con esa magia maravillosa del amor, de pronto pierde su esplendor y encanto y se vuelve tosco hasta llegar a la irremediable ruptura? ¿Qué pasó con todas y cada una de las expresiones de cariño que parecían sinceras y que ahora son simplemente trivialidades? Ya no hay más eco en ellas, pues están secas y hasta frívolas. Se provocan heridas, rechazos e indiferencias que se convierte en un alud de antagonismo. Es la forma peculiar como la tristeza se puede apresurar para permitir a las sombras del odio tomar un lugar preponderante y podríamos decir que hasta abusivo.

En cambio el poder de la atracción va mucho mas allá de las simples trivialidades de la vida; es cuestión de saber y entender que al ser parte de un universo tan especial, nuestra misión es hacerle honor a tal posición, asumiendo actitudes positivas que llamen la atención hacia un despertar de conciencia. Las actitudes pasivas o negativas, por el contrario, logran empañar de manera inaceptable ese aspecto que nuestro propio ser lleva integrado como un proceso natural, otorgado con las mejores intenciones y finalidad en una dimensión llena de luz, brillo y misterios. El rechazo es simplemente parte de nuestro criterio como una imaginación llena de vicios y desviaciones, donde solo existe la búsqueda del frío aislamiento, muy contrario al poder de atracción que ofrece relación, cobijo y unificación en un ámbito serio y convincente. Es una fuerza que sella nuestras buenas intenciones como una magia de sentimiento o de amor puro que nos ilumina el camino del bien. Mirar hacia atrás es acercarnos al peligro, es ignorar que el horizonte nos llama, nos anhela para hacer de nosotros seres muy especiales que puedan irradiar esa magia llamada el poder de atracción.

La Experiencia

## LA EXPERIENCIA

A través de los años he tratado siempre de analizar muchos aspectos de la vida, con el propósito de entender las circunstancias que se van presentando a medida que el tiempo corre. Me he preguntado: ¿Por qué algunas veces pareciera que vamos caminando cuesta arriba o como subiendo a una elevada montaña, y, a pesar de los muchos esfuerzos, nuestro avance es lento y demasiado forzado? Otras veces como que vamos marchando sobre una plana llanura donde no hay obstáculos de tropiezo ni situaciones que nos interrumpan el paso, y todo se ve tranquilo. Pero, también hay otros momentos difíciles, en los cuales pareciera que vamos de picada hacia abajo en una intempestiva caída, ya casi prestos a estrellarnos con la realidad. Por supuesto que, en cada caso, aprendemos algo, a lo cual le llamamos experiencia. Se dice que la vida es un camino de flores y espinas, pero, para no salir tan heridos, es preciso ir atentos en cada paso, ya que cualquier descuido se paga caro, es decir, si tan solo una espina logra su propósito. Lo cierto es que, en cada avance, hay una experiencia y una huella que delata nuestro peregrinaje en éste inexplicable camino de la vida, siendo unas mas profundas que otras a causa de las muchas cargas que llevamos sobre nuestra espalda.

En todo caso la elección es personal y las decisiones son propias en cada uno y el hecho de tomar rutas equivocadas va ligada definitivamente al mismo criterio y libertad de elegir. Sin embargo, la capacitación que la vida nos permite es y será importante en cada momento, así nuestro alineamiento, en cuanto a la ruta a seguir, será de acuerdo a la preparación.

La Palabra

## LA PALABRA

¡Bendita palabra! Tú eres parte de mis experiencias, aciertos y desaciertos, nostalgias y remembranzas, también de alegrías y tristezas. ¡Bendita palabra! Tú te has presentado como un rayo de luz para iluminar mi camino, como una espada para defender la verdad, como un altar para adorar y como un claro manantial para calmar la sed.

¡Bendita palabra! Tu fuerza es virtud, creatividad, expansión y desarrollo.

¡Bendita palabra! Tú eres mi realidad, mi creencia y mi sentimiento, por eso te amo y te respeto.

La palabra como expresión es fuerza vital de la vida, con ella se manifiestan las emociones, los sentimientos, los deseos e inquietudes. Se bendice y se exhorta para levantar de manera apropiada al que ha perdido la fe. Se manifiesta abiertamente para saludar al nuevo día que nos muestra una nueva oportunidad. Es la palabra la que nos ayuda a expresar nuestros grandes ideales, a exponer esos sueños que se fincan en nuestra mente y nuestras emociones. Es la palabra con la que logramos crear ilusiones, despertar simpatías e integrar una relación amistosa. Es ella una realidad del pensamiento cuando surge sonora o se plasma de manera escrita sobre el papel o la roca. Es con ella que movemos al mundo y a las multitudes, y nos permite agradecer al creador la oportunidad de vida.

Quedarnos sin palabras o enmudecer es tornar nuestro mundo en una incertidumbre llena de dudas y desaciertos que nos privan de vivir y disfrutar buenos momentos; es perdernos en el silencio y en la oscuridad donde todo es incierto.

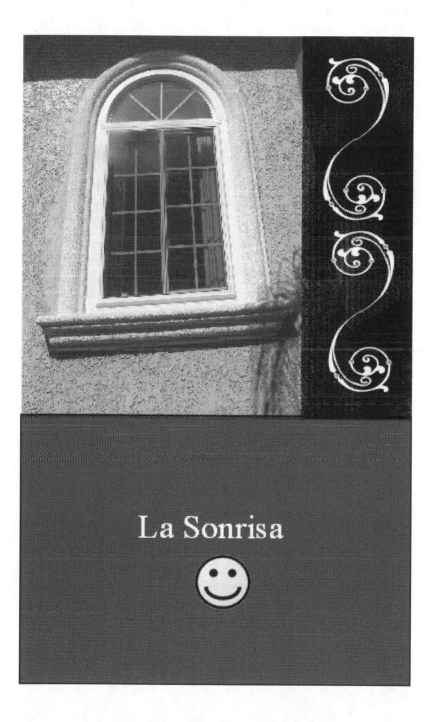

La Sonrisa

## LA SONRISA

Una sonrisa no es una simple expresión facial, mas bien es una manera con que el alma manifiesta sus caricias. Así como la sonrisa de un niño es cristalina, la de un anciano es nostálgica y la de un enamorado como el grito de amor silencioso. Dejar de sonreír es haber perdido una virtud, es permitir el congelamiento del alma o como esconder nuestro rostro tras de la tragedia. La sonrisa genuina agrada y enamora, aquella que fingimos arrastra consigo un mundo interior en caos. Aprende a mostrar tu sonrisa y haz con ella una magia contagiosa ya que tiene también la virtud de exponer nuestra paz interna. No es sano negar una sonrisa, que un mundo sin ellas es como un desierto árido. Sonreír es privilegio y encanto, donde brilla la voluntad y la simpatía. Es el reflejo de un ser integrado con un espíritu lleno de virtudes y riquezas que van mas allá de las vanidades y las fantasías; es una actitud sublime que marca la sinceridad espontánea.

Perder la sonrisa es un caos del ser; es privarle del elogio de la vida, es dejar el brillo que enamora y que encanta. Es crear un rostro sombrío y hasta malévolo en donde se marcan líneas obscuras que exponen el desencanto y la tristeza.

Mantener vigente la sonrisa es una bendición. Es una muestra clara de nuestra ecuanimidad y de nuestra armonía interior. Es definir la vida como una esencia llena de especiales atributos, y, la sonrisa, es el mas grande y el mas sublime de ellos. Conservarla en nuestro rostro es manifestar gratitud, alegría y satisfacción.

Una sonrisa es una muda expresión, pero que, en sus peculiares razgos tallados en el rostro, no solo muestra la pureza del alma sino la plenitud de la sinceridad

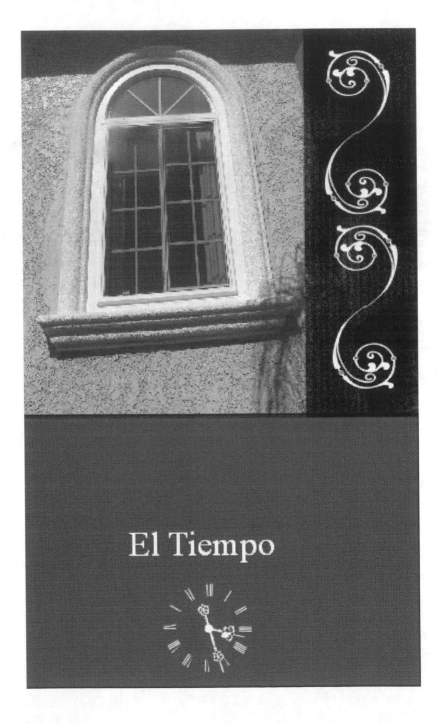

El Tiempo

# EL TIEMPO

Decimos que el tiempo es implacable porque nos roba la vida, nos transforma y nos envejece. Sin embargo, cuando lo vemos desde otra perspectiva, nos damos cuenta que sin él no habrían experiencias, no culmináramos sueños, no entendiéramos al amor ni los valores humanos. Cada niño vive su presente, así como cada adolescente vive su futuro; el adulto pretende distribuirlo a su antojo y no le alcanza, mientras que el anciano vive prendido en su pasado. En el marco del tiempo cada niño disfruta de sus mimos, de regaños y atenciones, todo, en medio de sus caprichos y la fantasía involucrada en sus juguetes. Es en esa misma dimensión del tiempo que el adolescente proyecta su mente en lo que quiere ser o imagina llegar a tener, mientras que el anciano vive una retórica llena de vivencias y de hazañas, de valentías y de miedos, sin dejar de exagerar un poco de lo que fue y tuvo, pero que le generan vida y entusiasmo, en medio de sus nostalgias. Quizás el tiempo sea implacable, a lo mejor ni exista y es solo una imaginación o idea ilusoria dentro de la mente humana, sin embargo, también el tiempo tiene su valor y su precio, se paga con sudor, con sangre, con suspiros, con nostalgias, con sacrificios. No nos preocupa que sea implacable, que nos encorve y que nos debilite, porque aún así, ha sido el maestro que nos enseñó sobre lo valiosa que es la vida como una gran experiencia y será nuestro equipaje con que nos trasladaremos hacia la eternidad que espera nuestro retorno. El acto de bendecir al tiempo es aprovechar de él cada instante, mas aún, sabiendo que no tiene un regreso. Es definirlo como un eterno presente, sin pasados ni futuros, solo como un hoy que ofrece oportunidades, las cuales deben aprovecharse en el momento preciso.

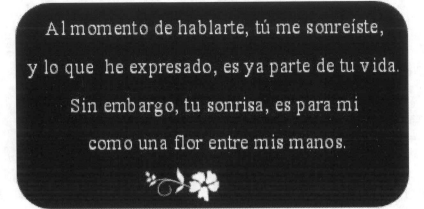

Al momento de hablarte, tú me sonreíste,

y lo que he expresado, es ya parte de tu vida.

Sin embargo, tu sonrisa, es para mi

como una flor entre mis manos.

La Mujer

## LA MUJER

¡Sublime creación, cual tierra fértil, donde la semilla germina para expandir la vida! ¡Amparo y fortaleza donde el amor se refugia para darle alimento a cada virtud e incentivar a cada pensamiento! ¡Manantial donde la chispa y la espontaneidad se hacen presentes para convertirse en el gran caudal que llena y satisface. Donde la inspiración haya acomodo y se desgrana como una rosa en su momento. Sin embargo, lo mas maravilloso y sublime son su sabiduría intuitiva y su único privilegio natural de convertirse en madre, donde se hace presente su abnegación, su valor y entrega.

Es la amiga fiel y la confidente de confianza; la que guarda secretos y ofrece esperanzas. Es el regazo de consuelo y la expresión de amor que surge de unos labios que son todo un corazón. Es la ternura encarnada y el sentimiento puro, donde la nobleza siempre haya acomodo. Es la continuidad de vida y el oasis que promete más que simples emociones. Es parte integral de un paraíso, donde su idoneidad se desplaza y enamora, y que va más allá de los sueños y de las inquietudes; es eso, mujer, un ser lleno de encantos, de virtudes y de sentimientos tan complejos como el maternal, el de ayuda idónea y de compañerismo. La hizo el creador por idoneidad y criterio, bajo el marco de su sabiduría, para darle al hombre la oportunidad de compartir, de unificar su sentimiento en la dimensión del amor. Su aparente debilidad es fortaleza, es intuición que marca de manera eficaz su calidad femenina llena de gracia y candor. Siendo hija es fiel, obediente y dedicada al apoyo materno.

Si no te expresara ni una sola palabra,
tu pensamiento no se turbaría;
sin embargo, cuando observas mi sincera
mirada, tú entiendes mi silencio, pero luego ,
también enmudeces.

El Pensamiento

## EL PENSAMIENTO

Mi aliada es la vida, sin ella no actúo, sin ella yo no soy. La vida me necesita a la vez, sin embargo, yo también a ella. Yo no conozco barreras ni de tiempo o espacio, me desplazo con libertad sin acelerarme, jamás me canso. Mi ritmo es constante y me caracteriza mi invisibilidad pero soy real en existencia y siempre logro mi objetivo. De mi depende el ser o el no ser, el hacer o dejar de hacer. Genero ideas y visualizo sueños. Soy portador de inquietudes y de ilusiones, mi sed es el saber y mi hambre la enseñanza. Soy parte integral de la existencia y semilla de la palabra. La acción de pensar no es una simpleza, es algo que va más allá de las vagas trascendencias. Es razonar, es meditar y reflexionar, y en donde las huellas de la actitud se develan Pensar que no se piensa es una incoherencia, es debilidad de la mente es tergiversar la realidad.

El pensamiento en su parte creativa le da definición acertada a la belleza, la identifica y se deleita en ella de manera especial. De esa acción se integra una cadena de reacciones que invitan al romance, al idilio y al amor. Por eso pensar es acertadamente divino, místico si se quiere, porque nos nutre el alma y le proporciona mucha satisfacción a nuestro ser.

Cada pensamiento es como un átomo de energía que viaja en lo invisible; es como una burbuja que encierra un misterio o un secreto presto a ser descubierto por la misma curiosidad o por las propias inquietudes del ser. Es incluso la muestra del hálito de vida que esconde anhelos, inquietudes y sueños que van mas allá de limitaciones inventadas por la debilidad o por la misma apatía.

# LA IDEA

Soy la idea y mi padre es el pensamiento. Mi hogar es la mente y aunque soy muy pequeña, como una semilla de mostaza, puedo crear gigantes y montañas o estrellas tan grandes como las del universo. Por lo que soy, no me limito a simplezas de la vida, y mi proyección va mas allá de extrañas sutilezas. Mi impulso traza una trayectoria hacia el desarrollo para definir la satisfacción y el contento. No me duplico por ser auténtica y tampoco busco alianzas porque me siento mejor siendo original. Solo me aferro al pensamiento, de quien soy mas que un reflejo, y de los resultados que dependen de mi. Soy parte esencial de la creatividad, ya que de mi surgen los elementos que conforman la integración de lo que se convierte en un hecho real. Soy también parte de los sueños y de las inquietudes, e inyecto el dinamismo a la misma creación.

Soy parte de la invención y doy forma a cosas inimaginables; me proyecto de manera abstracta pero mi desarrollo culmina en lo concreto. Soy suficientemente dinámica y mi accionar es acompasado con los ritmos más candentes. Dentro de mi capacidad realizo los más sofisticados sueños.

Sin mi existencia el mundo fuera estático, oscuro, sin brillo y hasta monótono. No habría desarrollo, mucho menos creatividad, que transforma y que organiza para dar paso a lo estético y a lo perfecto.

Soy la sazón que se combina con la destreza para alcanzar un objetivo o realizar una hazaña llena de acción, en donde el movimiento se expresa con belleza y gracia.

# NACER

¿Es acaso nacer el principio de la vida? ¿Será simplemente una continuidad o una nueva oportunidad de ella? ¿Es quizás ese espacio de nacer y morir solo otra experiencia más del ser o es una simple fantasía que se extiende en otra manifestación? ¿Es nacer una garantía o es una garantía nacer? Sea como sea sabemos que es un proceso donde valoramos en algo al tiempo y le damos una aceptación al espacio que ocupamos para manifestar nuestra integración humana como un complemento. Si nacer es empezar, regresar o continuar, representa, en todo caso, el vaivén de la misma existencia. Lo bueno también es entender que al nacer la vida no viene sola, siempre la acompañarán las oportunidades que no son difíciles de identificar, pero el no aprovecharlas es parte de nuestra negligencia.

Nacer implica la esperanza de entrar quizás a otra dimensión, donde nuevos retos se presentan en una avalancha de intensas pasiones que marcarán otro destino lleno de fantasías. Es romper barreras de tiempo y espacio para alcanzar un estado de conciencia mas elevado y poder llegar a ser una unidad cósmica con mejores atributos.

En un sentido mas amplio, podríamos decir que nacer es algo superior a un simple cuerpo que piensa y que se nutre de emotividad; eso es una falacia que pretende engañarnos, ya que su causa y su efecto se vinculan con lo eterno y la majestuosidad de la creación que lleva una finalidad divina. Nacer es ser parte del pensamiento de Dios, no en una forma simple, sino en una multiplicidad de ellos pero que, sin lugar a dudas, va mas allá de la imaginación humana.

La Comprensión

# LA COMPRENSION

Conocernos a nosotros mismos es la llave que nos abre las puertas de un proceso de desarrollo, haciendo partícipe a nuestra voluntad para accionar en la relación humana. Entender a otros, con sana intención, es parte de entereza. Comprenderlos es elevación de espíritu, ya que no se implican cambios forzados sino que se aceptan tal como son. No se imponen mezquinas condiciones y se deja de promover engaños o adjudicar reproches alejados de alguna actitud ventajosa. El universo es una maravilla lo suficiente indescriptible y majestuoso; somos parte de él, por estar dentro de él, y, aunque así muchos prefieren simplemente existir de manera pasiva, no aprecian la vida en toda su dimensión, porque, su misma actitud, les priva de poder comprender su propio mundo.

La unidad humana es integrada, y aunque haya diversidad, en cuanto a criterios, no es para dividirla o separarla, sino para hacerla mas consolidada en si misma. De esa forma se nutre y se fortalece y la mantiene siempre vigente; es en donde la misma comprensión se define y se proyecta, generando un desarrollo integral que enriquece y valora a dicha unidad, la cual depende de esa misma calidad de pensamiento.

Comprender es la acción de procesar y aunar esfuerzos racionales y emocionales, para hacer, de una relación, algo así como un vínculo perfecto, el cual se desarrolla y define en un marco de cordialidad. Es el fundamento de la unidad que, en todo caso, integra una variedad de elementos humanos que buscan, no un simple ideal lleno de conformismo, sino la satisfacción de una sana convivencia.

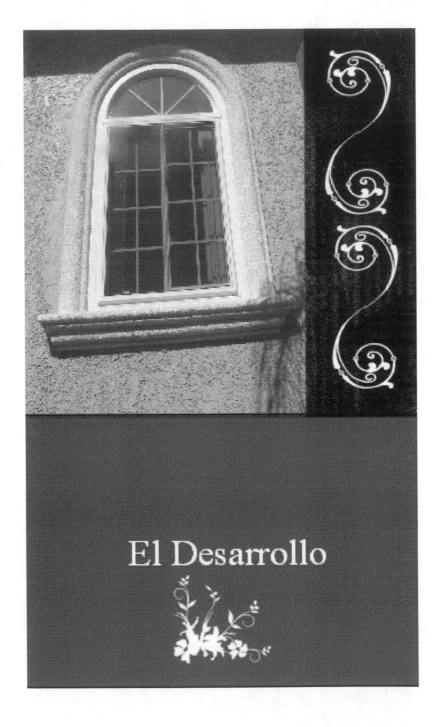

El Desarrollo

# EL DESARROLLO

Que el desarrollo en tu vida sirva para educar a tus labios para que bendigan con pasión y con buen deseo. También para integrar a tus oídos a que no simplemente oigan, sino que aprendan a escuchar en toda su dimensión. Que puedas cultivar brazos fuertes inclinados al trabajo, a la colaboración y al apoyo integral, capaces de dar un abrazo sincero o un apretón de manos efusivo. Ojos que proyecten bondad y sinceridad, libres de malicias, morbo e indiferencia. Que tu mente se llene constantemente de sabiduría con la cual puedas discernir los pensamientos así como las cosas maravillosas de la vida. Fortalece tu corazón y llénalo de genuino amor y pasión por aquellas cosas que otorguen beneficio, y, por último, dominar a tu lengua para que sea fácil de controlar, evitando su desenfreno equivocado hacia el error y el engaño, la blasfemia y la mentira.

Si nos involucramos con voluntad al desarrollo en todas las dimensiones antes mencionadas, estaremos dando un paso de crecimiento que nos permitirá una vida llena de plenitudes, satisfacciones y provisiones. No iremos navegando a la deriva ya que estaremos fortalecidos con la entereza de un espíritu nutrido con la pasión del deseo, en donde nuestro objetivo sea el de ser mejores, con una visión profunda de que amar es lo más importante de la vida.

No es de beneficio cultivar actitudes de ocio, ya que nos lleva a la apatía que frena al desarrollo, y perdemos de vista nuestra visión en cuanto al crecimiento, que nos alimenta de satisfacciones a través de logros.

Qué difícil es encontrar a la persona correcta y, en el momento preciso, cuando mas se necesita. Quizás esto no sea una cuestión de prejuicios ni de circunstancias sino de predestinación.

Nuestra Humanidad

# NUESTRA HUMANIDAD

La forma cómo pienso y la manera cómo actúo, definen, no solamente mi personalidad, sino, mi propia humanidad. Un gesto de bondad me enriquece, sin embargo, un embuste no solamente me cobra réditos sino que me denigra. Mi auténtica humanidad me dirige a lo bueno, a lo substancial y a lo decoroso. Lo animal, en cambio, me inclina a lo opuesto como es lo impuro y lo insano. La humanidad es parte de mi riqueza, es elevación a lo sagrado de la vida, a la pureza del ser. Ella, con un propósito, avanza hacia su desarrollo, segura y firme en el sendero de lo sublime. Esta misma humanidad, en cambio, embrujada bajo la burda egolatría, actúa tosca, titubeante y hasta de forma muy retrógrada, atrapada en las necedades y en las torpezas que forman parte de la burda e insana mediocridad. Nuestra humanidad es una manifestación de virtudes y de sentimientos nobles, los cuales nacen con predisposición al bien desde un corazón puro y honesto. Ella es, dentro de otra dimensión, un carácter dirigido a la entrega, a la humildad y a la compasión y lealtad.

Pensar en humanidad es definir con claridad al ser, el cual se nutre de las acciones y actitudes que asume. Es considerar, con claridad y con meticulosidad, que para no perderla, como un atributo, es necesario darle vida y vigencia con pensamientos positivos ceñidos a la verdad, a la responsabilidad y, sobre todo, bajo un marco de emociones saludables, que son la base el amor. Perder ese gran atributo de humanidad es malograr la pureza del alma.

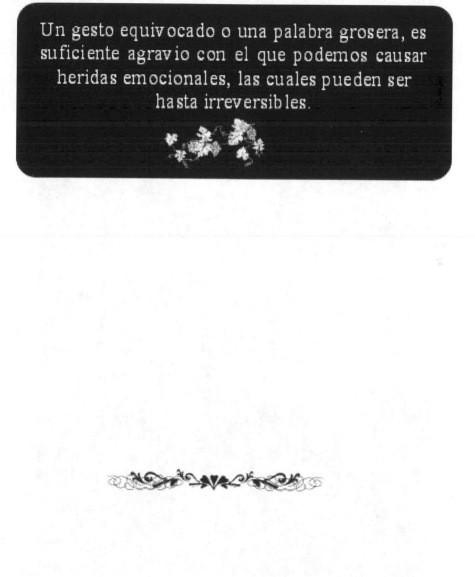

Un gesto equivocado o una palabra grosera, es suficiente agravio con el que podemos causar heridas emocionales, las cuales pueden ser hasta irreversibles.

El Camino

# CAPITULO II

## EL CAMINO

En la vida debemos elegir un camino de entre muchos. Solamente uno, es el más apropiado, y, aunque parece paradójico, no es el más fácil. Representa una encrucijada cuando tenemos enfrente una diversidad de rutas, pero no todas son llanas ni seguras. Es necesario aprender primero, antes de batir nuestras propias alas. Es importante avispar nuestros sentidos y estar atentos en todo tiempo para no dejarnos sorprender. Hay un dicho popular que dice que todos los caminos conducen a Roma, pero eso no es cierto. El camino podrá conectarse con la ciudad, pero quien camina sobre él puede no alcanzar la meta. Ninguno de ellos está libre de peligros y obstáculos, ni siquiera el más fácil o el más difícil. Las equivocaciones sin embargo, salen lo suficiente caras para no ser cautelosos, pero lo lamentable es que lo percibimos cuando llevamos medio camino recorrido, y aunque queramos retroceder, lo único que logramos es duplicar nuestras penas. Un pasaje bíblico nos alerta en éste sentido: "Hay caminos que al hombre le parecen rectos, pero su fin es muerte."

Un camino equivocado es suficiente para perder de vista nuestra entereza y buena disposición, ya que se acomodan otras intenciones que nos llevan de la mano al desastre y a la frustración con lo cual perdemos buena parte de la vida que ya no es recuperable. Es este un buen momento para entrar en reflexión y buscar los mecanismos para dirigirlo hacia lo correcto.

## LA TORMENTA

Es difícil no pasar bajo la tormenta de las dificultades, y mas aún, cuando sucede de manera imprevista. Son aquellos momentos en que se nos aparecen situaciones que nos apremian en un estado de desesperación y es cuando nos sentimos impotentes para enfrentarlas. Su incursión es tan fuerte que nos arrincona en grandes desequilibrios emocionales y racionales. No podemos negar entonces que nuestro descuido dejó abiertas las ventanas de la irresponsabilidad para caer luego en sus garras. Un desajuste financiero puede originarse por nuestra mala administración de nuestros bienes, como puede también suceder por una inflación generalizada que rompe cualquier equilibrio económico e impacta y afecta al conglomerado social, lo cual no lo podemos vincular indiscretamente con irresponsabilidad de parte nuestra, ya que estaría fuera de nuestro propio control. Las enfermedades, los embates climáticos destructivos y cualquier tipo de epidemias son suficientes como para crearnos grandes tormentas mentales y emocionales muy difíciles de superar, sin embargo, no todo está perdido. Si eso es un embate de desilusión o frustración debe tomarse como una experiencia lograda, la cual es parte del aprendizaje que la vida nos ofrece y permite tener para crecer y manifestar dominio de la situación en la continuidad de la vida. La tormenta también puede ayudarnos a definir la razón de nuestra existencia desde una perspectiva mas abierta, en la cual puede marcarse un perfil mas definido y alejado de ambigüedades que pueden llegar a confundirnos.

La Calma

## LA CALMA

Vivir la vida en forma armoniosa es lo más bello que nos puede suceder. Pero, ¿Dónde hallar ese paraíso? No podemos darle la espalda con indiferencia a la realidad ni mucho menos a las dificultades. Sabemos que cada una de ellas es como un monstruo con sus fauces listas para triturar o desmoronar nuestra integridad, y, ante tal asechanza, es claro que nuestro valor se opaca y tiende a quebrantarse o simplemente se torna titubeante dentro de reacciones negativas y de incredulidad. Allí es en donde nuestra inquietud se alborota y ya dentro de esa incertidumbre busca encontrar ese brazo que se extienda, presto a rescatarnos y a sostenernos, mientras recuperamos el aliento. Sentir que esa presencia nunca llega, causa pánico, pero que en el mismo instante de claudicar, la paz llega con su maravillosa presencia. Luego, pasado el rescate, nos damos cuenta de que olvidamos dar "las gracias." Es el momento en que nuestra misma conciencia nos delata con el error, sin embargo, nos hemos olvidado ingenuamente de atender el llamado de: ¡Venid a mi todos los que estéis cargados y trabajados, que yo os haré descansar! Y todo, por causa de los mismos afanes y frustraciones, y el querer ser lo que no debemos ser, y pasando desapercibido el echo de, que "Todo es vanidad de vanidades bajo el cielo". La verdadera calma solo la puede tener aquel que cultiva una conciencia limpia; aquel que ha logrado identificarse con Dios, con la naturaleza y con sus semejantes. La calma es una virtud para aquellos espíritus limpios que han rechazo la escoria que el mundo le ofrece, escondida en la misma vanidad.

La Suerte

## LA SUERTE

Muchos igual que yo, hemos llegado a considerar que la suerte no es un hecho real, ni tampoco fortuito. Quizás éste criterio pareciera demasiado paradójico, enigmático o extravagante, y, por ello, es importante considerarlo muy de cerca porque vale la pena hacerlo. Es extraño que alguien se gaste cien dólares en números de la lotería y no gana. Sin embargo, alguien mas, de forma quizás hasta desinteresada, solamente gaste un dólar y se gana el premio. Un pelotón de cien soldados van a la guerra, veinte de ellos mueren, diez salen heridos y el resto sale ileso. Un terremoto destruye una ciudad y mueren tres mil personas, otro porcentaje sale con heridas y el resto queda ilesa. ¿A que se le puede atribuir éste hecho? Otro ejemplo que nos llama la atención es el de un equipo de fútbol bien preparado para una contienda, el cual va a competir con otro de mediana preparación; el segundo logra anotar un gol y gana el partido, mientras que el primero, no obstante su preparación y la serie de incursiones en el área del adversario, no logra en ningún momento conseguir una sola anotación y pierde de esa forma el encuentro. ¿Es esto a lo que le llamamos mala suerte o buena suerte? ¿No será acaso que tras de todo esto existe algún ente o fuerza misteriosa que lo dirige de esa forma y que nosotros no tengamos manera de poder determinarlo? Quizás, en realidad, eso no sea un gran misterio por resolver, y a lo mejor no es ni siquiera eso. Debe haber una causa que pueda establecerse, pero, ¿Cómo? La ciencia habla de leyes probabilísticas, haciendo cálculos matemáticos sobre eventos, los cuales, al ser analizados con precisión y establecerse ciertos parámetros, prometen una exactitud eventual que se considera confiable y, además, puede ser demostrable, de acuerdo al tipo de evento. Sin embargo, continuamos sin entender lo que es la suerte, sea buena o mala, pues la vemos lógicamente desde sus dos extremos. Esta misma inquietud, que abarca casi la generalidad de población, a dado como una alternativa el de lograr buena suerte con cierto tipo de amuletos como son: Los tréboles, patas de conejo, herraduras de hierro utilizadas en caballos, (las cuales son sometidas a cierto tipo de oraciones y envueltas en paños especiales), ofrecen una protección mística si se les pone fe. Por el otro lado tenemos ciertas recomendaciones, por ejemplo: para evitar la mala suerte, la persona no debe pasar debajo de una escalera, ni romper algún espejo o que un gato negro le roce con su cuerpo las piernas, cosas que, en un siglo veintiuno lleno de tanta tecnología, dejan de tener validez puesto que sus bases vienen de la ficción y no de la realidad. Y con el respeto que merecen las personas que lean este temario y sientan alusión ofensiva con esto, que me disculpen, pero mi análisis es objetivo y no subjetivo. Esto de la buena o mala suerte podría ser un producto de la mente que está bajo una sugestión de alto nivel, como sería la misma hipnosis. La mente es grandiosa y por lo tanto es muy importante cuidarla. No se debe olvidar que la superstición ha sido ancestral, pero, no por eso significa que sea toda una realidad a la que debemos estar atados.

**"Si Dios está con nosotros, ¿Quién contra nosotros?**
**En todo caso, lo que ha de ser es, y lo que no, tampoco será.**

Mundos Personales

## MUNDOS PERSONALES

Aunque vivimos en un mismo universo, cada quien lo hace en su propio mundo. Eso no significa que no nos necesitemos unos a otros, aunque así marque una gran diferencia en cuanto a nuestra manera de pensar y ver las cosas. Dice una expresión popular que con la mente y los pensamientos se puede ayudar a reaccionar pero con los brazos se puede lograr levantar. Con las palabras se puede hacer promesas, pero con las actitudes se demuestran las intenciones; así mismo, nuestros sueños pueden tener mucha similitud, pero como los realicemos es cuestión de criterio personal. Sin embargo, nos esforzamos mas allá de nuestras debilidades sin darnos cuenta que la unión hace la fuerza, y todo por la intención y el afán de creernos auto-suficientes, cuando la realidad misma nos muestra otra cosa. Tenemos que preocuparnos de que nuestro mundo no sea una simple burbuja en la que estemos atrapados o atrapadas, ya que de explotar caeríamos irremediablemente al vacío. Es cierto que todos tenemos nuestro propio espacio o sea nuestro mundo, pero no está demás poner atención y no permitir que por un descuido nos invadan conceptos equivocados que nos hagan perder la cabeza y luego, ante esa debilidad, empecemos a cometer las más grandes locuras del siglo. Mantener nuestra personalidad intachable es una responsabilidad personal, eso no depende de nadie mas, sino que de nosotros mismos, por eso, ante la gran avalancha de modernismos desviados es bueno estar muy alerta, no sea que nos deslicemos tontamente; ya lo dice un dicho popular que: "Camarón que se duerme, se lo lleva la corriente".

Las Luchas

## LAS LUCHAS

La vida no implica un simple reto, sino, mas bien, es una lucha abierta. Pero, ¿Por qué batallar solos o a ciegas? Si de pronto se te clavó una espina en el carcañal la debes extraer de inmediato y no pretendas caminar con ella, pues lo harás con dolor y la herida se volverá mas profunda. Si sientes que una avalancha de problemas y situaciones se te vino encima, no luches contra todos al mismo tiempo, date la oportunidad de vencerlos uno a uno por separado, pues dejarán al descubierto su propia debilidad. Nunca des la espalda con indiferencia, enfrenta cara a cara las circunstancias, sin olvidar que las heridas traicioneras siempre llegan por detrás. Si una lucha te pareció sencilla y fácil de superar, no te confíes demasiado que la próxima a sostener puede traer sorpresas difíciles de superar y hasta logre derribarte. No debemos olvidar que es importante prepararnos cada día para no ser sorprendidos por las circunstancias, las cuales, en la mayoría de casos, son sorpresivas, pues no avisan cuando deciden atacar. Nunca consideremos que las luchas de otros son mas fáciles de sobrellevar, a cada quien le llega su propio enfrentamiento y a la altura que le corresponde. Eso nos muestra que la vida se debe mirar y medir desde diferentes perspectivas, sin ser tajantes y definitivos en consideraciones que van más allá de una realidad. Dejar de luchar es sucumbir al fracaso, es perder de vista el buen juicio y la oportunidad de mostrarnos que la verdad siempre será la coraza que proteja nuestra integridad humana. Luchar no es agachar la cabeza dentro del conformismo, sino levantar la frente con entereza y una firme decisión de alcanzar el éxito.

No subestimes a tu adversario, ya que,
ese mismo descuido, podría ser tu talón
de Aquiles y la arma con la que  te
venza.

## Las Emociones

## LAS EMOCIONES

Como seres humanos llevamos en nuestra integridad un caudal de sentimientos que logramos expresar con nuestras emociones. Pueden ir cargadas de alegría, tristeza, satisfacción, irritabilidad, enojo, etc., pero su manifestación expone un origen, en donde nuestras expresiones y gestos se unen a las palabras, a la risa, gritos eufóricos o al mismo llanto, y en los cuales se desborda un flujo muy emotivo. Es un proceso natural donde también se manifiesta la vida y como una trascendencia que nos delata la susceptibilidad oculta. No hay impacto, por suave que sea, que no quiebre nuestras emociones, pero, cuanto mas elevada es su intensidad mayor es el riesgo que corremos para que nuestra personalidad llegue, incluso, a una distorsión. Sin embargo, cuando hacemos uso de nuestro dominio propio, logramos, al menos, minimizar su embate y evitamos llegar a situaciones bochornosas que nos dejen mal parados ante los demás, y nos priven de seguridad y de confianza. Aunque no debemos dejar de reconocer que las emociones son de un carácter natural, pues son parte de la vida y de la convivencia, como un elemento esencial de la personalidad. Son ellas el resultado de aquellos estímulos externos, movidos, a veces, por las necesidades, pasiones o circunstancias. Sin embargo, debemos tomar control de ellas, aunque también es necesario corresponderles con cierta flexibilidad, de lo contrario nuestro interior se convertiría en una olla de presión, casi al borde de explotar. Esto se muestra cuando dicen que el hombre no debe llorar, lo que ha promovido una buena cantidad de neurasténicos que de pronto cometen locuras.

Aprender a escuchar es una virtud que se cultiva. Con ella logramos no perder ningún detalle de lo que nos dicen y muestra nuestro interés por saber. Este mismo proceso ayuda a controlar nuestras emociones, pues parte del dominio propio.

La Dependencia

## LA DEPENDENCIA

Se dice que un ermitaño vive solo, ya que refugia en lugares apartados, para no tener contacto con la sociedad humana. Concentra su atención en la naturaleza que le rodea, mientras sus momentos de meditación lo elevan a una dimensión espiritual superior. Pero aquí cabe hacer la siguiente pregunta: ¿Cómo dicha persona podría desarrollar su característica humana entre bosques, animales (diurnos y nocturnos),, sonidos del viento y todo lo característico del paraje en que habita? El contraste es profundo por su mismo aislamiento y convivencia, donde el amor filial no existe. Tratar de entenderlo es complejo, sin embargo, es una realidad. ¿Es acaso el amor propio una dimensión que nos hace predisponer para algún tipo de sacrificio del cual no nos percatamos? La misma dependencia es natural ya que nacemos de alguien y por alguien, por tanto el aislamiento no tiene sentido si notamos que cierra nuestra mente en vez de abrirla, lo cual podría interpretarse como que algo no anda bien con nuestras propias actitudes. ¿Qué razón tuvo Dios cuando dijo: "No es bueno que el hombre esté solo"? Lo cual tiene una relevancia de conciencia.

Se establece que tenemos por derecho una libertad pero que a la vez somos dependientes, es un asunto paradójico, sin embargo, tiene suficiente validez ya que somos parte de una sociedad, y, por esa misma razón, nos volvemos necesarios unos de los otros; es lo que se define claramente como una dependencia. Es cierto que hay ciertas formas de aislamiento necesario, pero no el de forma definitiva, ya que ofrece limitaciones que no son saludables emocional ni psicológicamente.

Las Huellas

## LAS HUELLAS

Cada paso que damos en la vida va dejando su respectiva huella. Unas mas profundas que las otras pero son un rastro que habla de nosotros y de nuestras propias experiencias. Multitud de ellas, que al paso del tiempo, van encorvando nuestra espalda, arrugando nuestra piel y enjutando nuestro rostro. Son huellas de acción y actitudes que, como testigos, hablan de nosotros lo que fuimos y lo que somos, pero que también a veces callan para ocultar nuestros desaciertos, errores y desequilibrios. Es cierto que se van perdiendo tras de nosotros, y, aunque parecen inertes, en nuestras mentes van quedando sus registros que dicen ¡Caminaste muy de prisa, muy lento o con demasiado torpeza! Si, es verdad, porque los pasos actuales son lerdos, temblorosos, pausados, definidos y calculados. ¡Se acabó la premura! ¡Se terminó la impaciencia! Mientras tanto, el ser se apaga y simplemente contempla el haber sido. Se pierde la chispa y la espontaneidad, y se vuelve retraído y tardío. Su brillo se opaca y niega su interés por el futuro. No se atreve a contemplar el ocaso y prefiere ver su pasado lleno de recuerdos, entre triunfos y derrotas, entre hazañas y alguno que otro desvarío tempranero. Es el broche de oro que marca el final, donde ya no existe hierba sobre la cual pisar ni arena sobre la cual dejar las huellas. Es un nuevo ciclo o un despertar. Son las huellas que hablan con un lenguaje codificado, las cuales nos muestran, en su diversificada profundidad, las liviandades de la vida y también las cargas pesadas, en donde, las mismas ansiedades y ofuscaciones, formaron parte de los vaivenes, ajetreos y uno que otro desliz.

Si acaso nos encontráramos perdidos en nuestro camino, no dudemos en buscar ayuda para pedir orientación, dejando a un lado nuestra vanidad y orgullo, ya que el ser humildes tiene sus ventaja.

La Autenticidad

## LA AUTENTICIDAD

Cada ser es único en el universo, no hay una sola copia o repetición de nadie; al menos por ahora, entre los humanos, no existe todavía. Pero, con las plantas y animales, quizás los científicos con sus manipuleos atrevidos hayan podido clonar especies, buscando ser tan creativos como Dios, pero eso, no garantiza una evolución, en cuanto a lo espiritual; pero cuando se pretende ser como otro, porque éste muestra cierta característica especial o peculiar, lo único que hacemos es perder nuestro tiempo inútilmente, dejando a un lado nuestra autenticidad, que vale mucho mas que cualquier imitación. Olvidamos que nuestra individualidad es única y vale por lo que es, siendo la parte vital que nos identifica a plenitud. Así que, cuando asumimos tal actitud, no nos damos cuenta que, de esa forma, nos estamos degradando y causando distorsión a nuestra integridad, que, poco a poco, se convierte en locura y se traduce en rechazo a nuestra propia razón, con lo que ofendemos nuestra misma inteligencia humana. Buscar a querer ser otro no tiene sentido, cuando se hace de manera comparativa, pero querer ser mejor, eso, si es ganancia. La autenticidad es virtud y es riqueza espiritual que eleva nuestra calidad humana en una dimensión con características propias. Es ser ecuánime y con un balance natural; es tener un solo rostro en el cual se marca la honestidad y el decoro. Es una unidad de ser, no una dualidad que activa la distorsión que luego finca expresiones de torpezas y desvaríos. La imitación no es garantía propia, es obstrucción de la autenticidad que reduce nuestra personalidad.

Una simple nostalgia nos hace suspirar, para luego, contemplar cada huella que el tiempo pretendió borrar, pero que trascienden para perpetuar nuestras memorias que se convierten en historia.

# Capitulo III

## EL ENCUENTRO

¿Hacia qué extremo se inclina la balanza? ¿Hacia la empatía o hacia la antipatía? Esto, sin lugar a dudas, es sumamente importante conocerlo porque determina qué clase de personas somos, y, siendo parte de una sociedad humana, debemos estar claros, en cuanto a nuestra interrelación, definiendo si somos aceptados o rechazados por ella. Aquí es en donde entran en juego nuestros principios morales, nuestras intenciones y nuestra forma de ver la vida. No se ajusta a apasionamientos ni a criterios vagos ni a tintes narcisistas, ya que lo importante, en éste caso, es la verdad de hechos y no las pobres formas de conjeturar. La empatía, por su parte, nos permite expandir nuestro mundo, mientras que la antipatía simplemente asfixia nuestras aspiraciones e inquietudes, en un ámbito minimizado por un espacio tan reducido que nos esclaviza y frena nuestro desarrollo integral.

El encuentro con uno mismo es verificación clara de lo que somos, y define, con amplitud y claridad, lo que creemos o pensamos ser. Es definirnos en un marco de referencias, limpio, preciso y correcto, sin asumir posturas equivocadas que muestran una rivalidad con la realidad. Es un reencuentro, es volver a la vitalidad de la relación y comunión humana, en una dimensión real, aplicable a la cordialidad social. Es algo así como empezar de nuevo, con una cuenta activa de relación liberada de cargos. Donde debemos, por consecuencia, marcar un renuevo de aspiraciones y de sueños, buscando reabrir todas aquellas oportunidades que dejamos escapar como agua entre los dedos; con más conciencia y firmeza.

Cuánto mas nos conocemos, mucho mas cuidado tendremos con nuestros actos y acciones, sin embargo, esto es cuestión de criterio individual.

LA PLENITUD

## LA PLENITUD

La fe me sostiene y la esperanza me alimenta; ambas son la esencia de mi existencia. No se puede concebir un mundo en el que ambas estén ausentes, sería entonces como un paraíso sin luz o simplemente un paraje cubier-to de tinieblas. La fe alumbra mi camino y la esperanza suaviza mis pasos. Ambas son aliadas, pero, asumiendo su parte, para que disfrute la excelencia de mi vida. Son fieles consejeras en mi travesía y, a veces, mis propias alas para volar en el vasto universo. Sin ellas mi razón perdería una parte de su virtud, se petrificaría como una simple roca o se convertiría en liviana hojarasca arrastrada por el viento. Pero, soy digna de esas fuerzas invisibles que hacen de mi integridad un valor, un algo esencial y misterioso, una presencia y una realidad. Con ellas vivo para ser integración y esa magia que la vida encierra en su misma esencia. La fe y la esperanza siempre van a la vanguardia, sin desproteger mi identidad; no estoy sola, no camino hacia el abandono, sino al paraíso. Ambas son como mis ángeles protectores, quienes definen mi realidad y lo nutren para seguir hacia la grandeza y a la misma dimensión que garantiza la potencialidad espiritual de lo que soy. Si, como plenitud doy al ser una presencia majestuosa, real y llena de misterios; dentro de una extensión eterna y como parte esencial de la realización. Soy copartícipe en la realización de la vida misma, a la cual le doy, no solo fortaleza, sino el brillo que necesita para manifestarse. Sin plenitud, es presentar las cosas rústicas, a las cuales es necesario pulir para refinarlas y acabarlas totalmente.

Si no me conozco a mi mismo, nunca podré saber como actúo, y si no se como actúo, no entenderé como es mi conducta hacia los demás y tampoco definiré si hago el bien o hago el mal.

La Sinceridad

## LA SINCERIDAD

¿Cómo expresar que amamos si no lo sentimos? Esto es engrosar nuestra hipocresía, es faltar a la sinceridad y perder nuestro propio honor. ¿Cómo ver a los ojos, si nuestro sentimiento se esconde tras las penumbras del sarcasmo y la apatía? ¿Cómo fingir que amamos, si con ello manchamos nuestros labios con la mentira y con palabras falsas, en un marco lleno de deshonestidad? Si no hay sinceridad, mejor callemos. No dejemos que la duda atraviese las rendijas hacia nuestro propio engaño, eso sería como apartarnos del camino o tomar veredas inciertas. La sinceridad es virtud, es un sello de lealtad y perpetuidad humana. ¡No la ensuciemos!

Si pretendemos definir la sinceridad, debemos tomar en cuenta muchos aspectos que la avalan y le dan una posición de autenticidad y valor. Por ejemplo, la verdad es su punto de apoyo, la decencia, su punto de resistencia y la firmeza, su punto de potencia, sin los cuales, se convertiría en pura simulación dentro de la vanidad o de una endeble y raquítica exposición de actitud. Dejar de ser sinceros es perder el honor; es llevar a nuestra humanidad al mismo desprestigio, el cual se hace demasiado difícil de superar. Es degenerar nuestra personalidad al empujarla a lo nocivo y a lo deshonesto.

La sinceridad es galardón que se expresa con libertad, porque es una virtud. Perderla es ingenuidad y hasta parte de mediocridad que nos transforma en entes ásperos y faltos de buen juicio. Cuidarla es definirla como una unidad integrada en nuestra personalidad, la cual, con  marcada actitud moral, debemos proteger con criterio.

Si se te hace difícil expresar ¡te amo! quizá tu corazón es esclavo de otro tipo de pasión. Si te es demasiado fácil, ¡cuidado! Que posiblemente tu corazón perdió el control.

El Compartir

## EL COMPARTIR

Los días pasan, los años se acumulan y lo vamos recordando sumergidos dentro de recuerdos y nostalgias. Muchas cosas hemos compartido en el caminar de la vida, pero todavía no estamos satisfechos. Las cosas buenas se reviven con entusiasmo nostálgico, mientras las malas se ocultaron en el abismo del abandono. Momentos en que estamos frente a frente y momentos en que nos vemos distantes y, aún así, compartimos tiempo y espacio, pero, sobre todo lo que sentimos, lo que queremos y tenemos, sin discordias, ni malos entendidos, o resentimientos, solamente con satisfacción mutua, sin pausas que interrumpen el compás de la vida para activar inquietudes. Son como pequeños respiros para tomar aliento y, entre cada uno de ellos, poder renovar el entusiasmo y pulir el interés. Así va la vida y así corre el tiempo, sin vendavales, sin avalanchas, sin frustraciones ni descontentos. Somos tu y yo, ellos y nosotros, formando todos una unidad, para compartir el ideal, el sueño y la inquietud. Allí, donde la locura se transforma en felicidad, y el embrujo en auténtico amor, porque es la esencia misma de la vida, porque es compartir.

Si el hecho de esta entrega, que es una actitud positiva, se define con proporcionarnos satisfacción en el marco de la generosidad, debemos ser también prudentes al mantener a distancia a quienes buscan satisfacerse de manera egoísta, dejando claro que, aunque no se trata de un intercambio a similitud del antiguo trueque, si es una actitud de valores y de sentimientos que nos enaltece de manera espiritual.

El Nuevo Amanecer

# EL NUEVO AMANECER

Cada amanecer es una excelencia de oportunidad. Cada gota de lluvia que rompe el silencio es un despertar; es una nota musical que nos alerta a la vida. Es acción y encuentro, es ver de cara al sol. Cada amanecer es correr las cortinas de la noche para dejar que la luz nos penetre hasta el alma; es dejar que la vida fluya a torrentes; es saludo matinal y reverencia. Es regocijo y festividad a la existencia. Gozar el amanecer es enfrentar la realidad, es saludar al día con placer y beneplácito, es despertar con vida. El amanecer se palpa, se siente y se respira porque es único, porque es real. La fantasía que aparentemente le envuelve es ilusoria, es transitoria y enigmática, simplemente no existe. Un nuevo amanecer que es nuestro, completamente nuestro y por eso lo deleitamos, sin recelos ni dudas, sin temores, sin miedos o extrañas sensaciones. Es nuestro, es de todos, es una realidad que nos pertenece.

El nuevo amanecer se debe vivir con pasión y con reverencia, elevando una canción que pueda mostrar la excelencia de la vida, adornada del mismo afán y entusiasmo de las aves que le corresponden con perseverancia y con sonoridad definida a su especie; así sea el ruiseñor, el jilguero o cualquier otro. Todos, en su trinar, expresan con brillo una bienvenida fervorosa ligada al mismo regocijo de ser parte de un universo lleno de maravillas, virtudes y belleza.

Cada nuevo amanecer es especial, refresca nuestra alma y nos muestra la plenitud de la vida. Contemplarlo y admirarlo sea en sí una devoción que debiésemos disfrutar cada vez que se nos permita despertar.

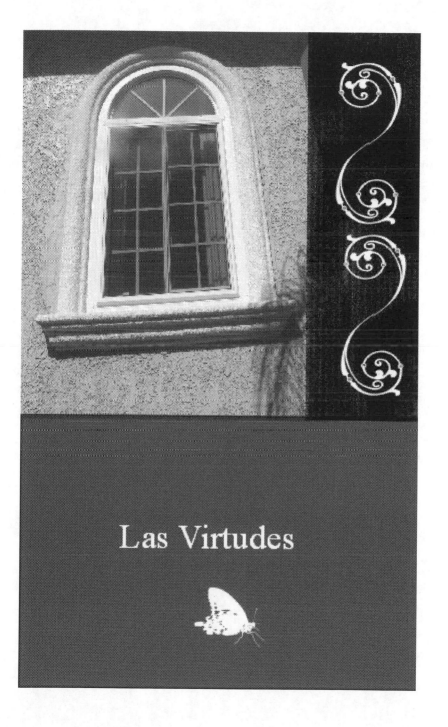

Las Virtudes

## LAS VIRTUDES

Si viviese solo, por cien años, no podría hacer uso de mis virtudes, sin embargo, un minuto en compañía de alguien, a quien estimo, me permite despojarme de asperezas que no solo me privarían de ser importante sino que bloquearían mis virtudes para hacer el bien, para sentirme necesario y ser copartícipe en la cadena de la vida. Cierto es, que aunque la soledad a veces es buena porque nos permite revisar nuestra conciencia, también puede ser una mala consejera que atrofia nuestra libertad de ser. Sería como darle rienda suelta al egoísmo que nos opaca y oprime sin darnos ese espacio vital para que nuestras virtudes, que son un tesoro, se protejan, se nutran y se activen hacia lo bueno y lo honesto de la vida.

No se puede ni debe negociar con nuestras virtudes, sería un sacrilegio. Es bueno y saludable pulirlas de manera correcta y usarlas cuando es pertinente. Dejarlas dormidas es una falta de respeto a la vida, es un letargo de descuido y un afán desviado a lo profano y a lo retrógrado.

Una sola virtud nos enaltece y, sin son varias en acción, nos hacen grandes e importantes en este bello universo. Expresar cada virtud con pasión es excelencia; es elevación espiritual. Es definirnos con la verdadera esencia y calidad humana. No se concibe que alguien, intencionalmente, ensucie sus virtudes, es una ofensa grave a la solvencia humana, es como arrojarle lodo a la conciencia que define el equilibrio de nuestro ser. Las virtudes son muchas, pero las circunstancias de la vida son como barreras que no nos permiten sacarlas a la luz; se esconden en los rincones del alma esperando tan solo una oportunidad para que el amor las active.

Mi mas grande posesión es la vida, porque es
eterna y real. Lo demás, no solo es fantasía sino
una pobre ilusión que la hace desvanecer el sol.

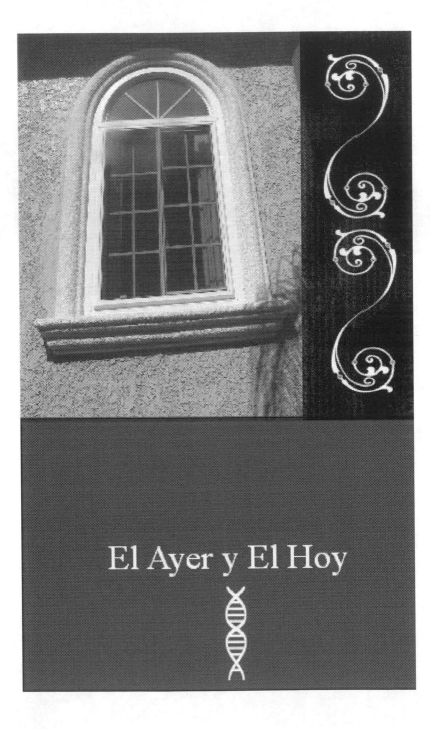

El Ayer y El Hoy

## EL AYER Y EL HOY

¿Cuánto he vivido y cuánto he caminado? ¿Cuánto he pensado y cuánto he hablado? ¿Cuál es mi caudal de experiencias? Pero sobre todo: ¿Quién soy? El ayer es simplemente un recuerdo y el hoy una realidad y a pesar de todo continúo en el aprendizaje. Todavía no lo se todo, me espera un largo camino por recorrer; me faltan mas experiencias que saborear. Si repito el error es porque algo anda mal, pasé desapercibido el momento de aprender y no superé la prueba, tengo que repetir la lección, lo cual me sugiere que mi avance se detuvo o se estancó momentáneamente. Perdí algo substancial de la vida, no aprendí ni asimilé. El ayer es apenas una sombra, el hoy es un rayo de sol, es un canto de ensueño y un manantial de vida. El ayer se va perdiendo en el infinito, el hoy es hálito de vida, de esperanza y de oportunidad. Dejarlo ir vacío es tristeza, es despilfarro, y llenarlo de amarguras, es inconsciencia, es deslealtad a la vida, es menospreciar nuestro espíritu. El hoy es un instante. Es el evaporar del tiempo que se pierde en trivialidades y en desazones o a lo mejor en alegrías efímeras.. El ayer fue un dulce sueño o amarga pesadilla, ambos están allí en el tiempo.

El ayer y el hoy se conjugan luego con un eterno presente, nada los divide están siempre activos al momento mismo en que se evocan y aunque no presentan un acción viva sino pasiva, se conservan intactos sin poder modificarlos porque son de otra dimensión que se define en tiempo y espacio. El ayer se vuelve nostálgico, mientras que el hoy se enreda en afanes. El ayer se marchó con su propio equipaje, el hoy no sabe todavía que llevar y se llena de ilusiones.

Volver a nacer no es simplemente el cambio de un cuerpo a otro, sino una transición mental que nos da provisión y trascendencia para valorar en mejor forma la vida.

## LA DESPEDIDA

El sol se va ocultando, lo anuncia el crepúsculo de la tarde. El ocaso se acentúa y las sombras se aproximan con su cortinaje oscuro. El día que se mostró, de pronto tan radiante y protector, deja de ser, y en un instante despojará su existencia. Se alejará para perderse en el infinito; se ocultará entre las montañas y dará paso al silencio. La quietud nocturna tomará posesión y permitirá que la luna, con su tenue luz, recorra el horizonte, pasiva, melancólica o quizás un poco enamorada. Su sola presencia es un refrigerio y alivio a las tensiones de la vida. Su brillo místico, opacado por las nubes, se convertirá en penumbra o sombra que se entretejerá con el enigma de la noche. Las agobiadas ramas movidas por el viento interrumpen el silencio y una que otra hoja moribunda la abandonan para entrar a otra dimensión y dar paso a la vida, al renacer, al nuevo hoy que arribará con el nuevo amanecer. El hálito de vida se escapa entre el silencio y la eternidad se impone. Pareciera que el principio del camino se cruzara con el final, pero es una ilusión o quizás una sombra. La serpiente muda su piel, se pierde revestida de gala entre la hojarasca que la oculta, y la protege. La oruga le hace reverencia a la metamorfosis y amplía sus inquietudes, espera y espera hasta que el instante de la transición le impulse a salir, a buscar su libertad, a coronar su victoria y ser lo que quería ser; para volar con avidez e imponerse a la vida; para dejar de soñar y disfrutar su realidad, su existencia; para expandir su propio horizonte, el cual muestra su transformación maravillosa, que le da mayor relevancia al desintegrar sus limitaciones.

Reencontrar el camino es un privilegio que se anida en la mente y en los sentimientos. Nunca es tarde para recapacitar y enmendar aquellos errores que, quizás por ignorancia, nos llevaron por un sendero equivocado. Si aún hay vida y tenemos fe, no todo está perdido.

Conclusión

# CONCLUSION

La oportunidad está en nuestras manos, es cuestión de decisión y valentía. Los capítulos de nuestra vida, ya escritos en nuestra conciencia, pueden ser revisados para asegurarnos que nuestros próximos pasos no sean tan imprecisos e inseguros para que las espinas no se nos sigan clavando para producirnos dolor. Lo simple de la vida es aprender a amar y lo complejo de ella es ser esclavos de circunstancias y desaciertos, que, por nuestra propia debilidad, permitimos su asecho. Sin embargo, si alcanzamos libertad es porque hemos en verdad aprendido a vivir y compartir con amor.

Esto mismo es trascendencia, en donde se definen, en conjunto, todas aquellas actitudes que nos elevaron y nos permitieron ser copartícipes del bien en una dimensión en la que predominó, con claridad y amplitud, ese sentimiento que es mas que sublime y al cual llamamos con certeza, amor. Eso es vivir con excelencia y con un propósito que traspasa cualquier trivialidad, que como una golosina, tiende a contaminar de manera insensata a nuestro ego. Es determinar sabiamente que el reencuentro siempre nos dará la oportunidad de rebasar barreras opuestas a la de superación, desarrollo y al cambio.

# AGRADECIMIENTO

Supongo que si ya llegaste a ésta página es porque has leído toda la obra, lo cual me llena de satisfacción. Si no fuera así, quizás la abriste por curiosidad o a lo mejor por accidente. Sin embargo, te invito a que leas por lo menos la introducción. Si no te interesa o no te complace, da la oportunidad a otro, ya que el sol sale para todos. Si has hecho un esfuerzo por leerla en su totalidad, me gustaría tus comentarios y sugerencias ya que compartir opiniones es saludable. Estoy abierto al diálogo y claro, juntos podemos aprender muchas cosas que la vida nos regala, siempre y cuando tengamos una mente abierta con una buena disposición y voluntad de aprender de la vida, no solo simples conceptos, sino principios que definen mejor nuestra personalidad.

El autor

Mi correo electrónico: Artestid@Yahoo.com

ANOTACIONES

# ANOTACIONES

# COMENTARIOS

# SUGERENCIAS